COUR DES PAIRS.

PROCÈS

DE

L'INSURRECTION DES 12 ET 13 MAI.

QUESTION DE DISJONCTION.

CONSULTATION.

COUR DES PAIRS.

PROCÈS

DE

L'INSURRECTION DES 12 ET 13 MAI.

QUESTION DE DISJONCTION.

CONSULTATION.

La Cour des Pairs a été saisie, par une ordonnance du roi du 14 mai, du jugement des attentats contre la sûreté de l'Etat commis les 12 et 13 mai, et, sur le réquisitoire du procureur général, elle a ordonné l'instruction du procès contre les auteurs, fauteurs et complices de ces attentats.

En exécution de ce premier arrêt, l'instruction a été commencée sur la généralité de ces faits et à l'égard de toutes les personnes inculpées.

Dans ses séances des 11 et 12 juin, la Cour a entendu un rapport des commissaires chargés de l'instruction; et ce rapport, divisé en deux parties, contient dans la première l'ensemble des faits généraux, et présente dans la seconde les faits particuliers relatifs à vingt-deux inculpés seulement; il annonce que les autres instructions se poursuivent, mais qu'aucune d'elles n'est encore complétée.

La Cour des Pairs, adoptant la proposition qui lui était faite dans le rapport, a, par arrêt du 12 juin, ordonné la mise en accusation des vingt-deux inculpés sur lesquels la procédure lui a paru complète, sans rien statuer, ni sur les autres inculpés, ni sur le reste de la procédure dont les pièces n'étaient pas produites.

Sur cet exposé,

Les avocats soussignés,

Qui ont lu et examiné avec la plus scrupuleuse attention

L'ordonnance du roi du 14 mai,

L'arrêt de la Cour des Pairs, en date du 15 mai, ordonnant qu'il soit procédé à l'instruction du procès ;

Le rapport fait à la Cour les 11 et 12 juin par M. Mérilhou, l'un des commissaires chargés de l'instruction ;

Les deux réquisitoires du procureur général, en date des mêmes jours 11 et 12 juin, et l'arrêt de mise en accusation rendu par la Cour des Pairs, le 12 juin ;

Consultés, dans l'intérêt des accusés traduits devant la Cour en exécution de cet arrêt, sur la question de savoir si le mode de procéder proposé par le rapport de M. Mérilhou, et adopté par l'arrêt de la Cour, est régulier et légal ;

Et si la Cour peut, sans violer la loi, juger séparément, dans l'état de la procédure, une partie seulement des prévenus,

Sont de l'avis suivant :

La marche naturelle et ordinaire des procédures criminelles semblait devoir conduire la Cour des Pairs à ne prononcer sur sa compétence et à n'ordonner les mises en accusation qu'après l'achèvement de l'instruction à l'égard de tous les individus détenus et inculpés pour les faits qui font l'objet de la prévention.

Cette voie est en général indiquée et commandée par le désir qu'ont les juges d'éclairer leur conscience à l'aide de tous les moyens qui sont à leur disposition, et par le besoin de ne rien négliger pour arriver à la pleine et entière connaissance de la vérité; et le plus souvent, dans les procès criminels, la vérité ne se découvre et n'apparaît dans tout son jour que par la confrontation et les explications contradictoires de tous les témoins et de tous les accusés.

Dans les débats, les accusés eux-mêmes deviennent témoins; de leurs réponses, de leurs dénégations ou de leurs aveux jaillit fréquemment la preuve d'un fait obscur ou douteux, et ce sont là pour le juge d'importans élémens de conviction, non-seulement à l'égard de l'accusé dont le dire a été constaté, mais encore pour tous les faits dont celui-ci a pu être témoin, et qui peuvent être produits à la charge ou à la décharge d'autres inculpés.

Il y a donc, dans l'intérêt de la vérité, pour la garantie des accusés et pour la tranquillité du juge, si exposé à commettre des erreurs, un immense avantage à pouvoir vérifier ensemble et en présence de tous les accusés tous les faits entre lesquels il existe quelque lien ou quelque rapport; et l'on a si bien reconnu combien cette précaution est nécessaire à l'administration d'une bonne justice, que la loi a prescrit de juger ensemble, autant que cela est possible, tous les délits entre lesquels l'instruction a démontré certaine connexité.

A plus forte raison faut-il toujours juger ensemble et sans aucune division tous les faits qui se rattachent à un seul et même délit, ou qui constituent un seul et même crime; car si la loi a voulu qu'on joignît des faits qui sont naturellement différens et divisés, elle a voulu plus impérieusement encore qu'on ne divisât pas un fait identique, qui est de sa nature indivisible.

C'est là ce qu'exige d'une manière absolue le grand principe de l'indivisibilité des procédures en matière criminelle, *principe aussi ancien que les tribunaux, aussi éternel que la raison.*

Ce principe n'est écrit dans aucun article du Code, mais il n'en est que plus sacré, car il domine toute notre législation.

« L'indivisibilité, a dit M. Dupin lors de la discussion du projet

« de loi de disjonction, est tellement un principe, que vous ne
« trouvez écrit nulle part que l'instruction est indivisible.

« Mais le principe de l'indivisibilité est écrit partout comme une
« de ces vérités naturelles qui tiennent à l'essence, à la nature, à la
« substance des choses, comme le disent les jurisconsultes; c'est
« quelque chose de plus qu'un principe. »

Ce principe de l'indivisibilité est absolu.

Il n'a jamais été violé, même lorsqu'on ne respectait plus aucun
autre principe; *car diviser, séparer les accusés d'un même fait, cela
a toujours paru contraire à toute justice et à toute raison.*

Il a traversé intact tous les orages de nos révolutions, comme
une *maxime inviolable,* comme une *nécessité des choses; nécessité,*
a-t-on dit, *qui, indépendante des institutions humaines, briserait
celles qui voudraient le méconnaître.*

Il est vrai que ce principe ne peut pas être appliqué à l'égard de
tous les inculpés, lorsqu'il en est qui sont en état de contumace,
ou lorsque l'une des personnes poursuivies est morte ou est at-
teinte soit d'aliénation mentale, soit de maladie réputée longue ou
incurable.

Mais, dans tous ces cas, l'application du principe ne s'arrête
que devant des impossibilités matérielles, invincibles, indépendantes
de la volonté humaine ou provenant du fait de l'accusé; le principe demeure entier à l'égard de tous les autres inculpés qui
restent en présence de la justice; et son application, qui est toujours absolue, ne peut surtout jamais être suspendue par le fait
du pouvoir ou par la volonté du juge.

Du reste, ce principe de l'indivisibilité ne peut être invoqué, ainsi
que nous l'avons dès l'abord expliqué, que lorsqu'il s'agit d'un seul
et même délit.

La règle est différente quand il s'agit de faits qui ne constituent
pas un crime identique, et entre lesquels il y a seulement quelque
connexité.

La loi, **comme nous l'avons dit,** commande bien de juger ensemble par un seul et même arrêt des faits connexes, mais seulement lorsque les pièces se trouvent en même temps produites devant la Cour appelée à statuer.

Or, telle est la règle que le rapporteur de la Cour des Pairs a invoquée comme applicable au procès des prévenus du 12 mai, et que cette Cour paraît avoir adoptée pour base de sa décision.

Il faut donc rechercher si la prévention déférée au jugement de la Cour des Pairs porte sur un ensemble de faits constituant un seul et même délit, ou sur des faits distincts entre lesquels il n'y aurait qu'une certaine connexité.

Mais pour faire cette vérification, il faut, avant tout, être bien fixé sur la différence qu'il y a entre l'indivisibilité et la connexité.

Le Code d'instruction criminelle a donné la définition de la connexité; il n'a pas donné celle de l'indivisibilité, et la raison en a été expliquée lors de la discussion sur la loi de disjonction à la Chambre des Députés.

« Remarquez-le bien, Messieurs, disait M. Nicod, cette indivisibi-
« lité, c'est un fait absolu; c'est un fait qui n'admet ni plus ni moins,
« qui exclut toute appréciation discrétionnaire; c'est un fait qui se
« manifeste par lui-même, qui se reconnaît à des caractères précis
« et certains. Aussi le législateur ne s'est-il pas avisé de définir ce
« fait; il résulte de l'essence même des choses, et, toutes les fois qu'il
« est reconnu, ses conséquences sont nécessaires sans que le législa-
« teur ait besoin de les consacrer. Jamais un juge, jamais un législa-
« teur n'a imaginé de dénier ces conséquences. Voilà, Messieurs,
« ce que c'est que l'indivisibilité des procédures.

« Maintenant, qu'est-ce que la connexité?

« Oh! c'est tout autre chose : il y a connexité soit lorsqu'un seul
« individu est prévenu de plusieurs délits, soit lorsque plusieurs
« individus sont prévenus de délits divers, de délits de différente
« nature, et qu'il y a seulement entre ces divers délits des rapports
« plus ou moins prochains, plus ou moins intimes. Cette connexité,
« c'est un fait relatif qui admet nécessairement quelque appréciation,

« quelque arbitraire. Aussi le législateur a-t-il jugé nécessaire de
« définir la connexité; elle a été définie par l'art. 227 du Code
« d'instruction criminelle, qui ne parle pas de l'indivisibilité. »

L'art. 227 du Code d'instruction criminelle, qui donne cette
définition de la connexité, contient d'ailleurs l'indication de règles
à l'aide desquelles il est facile de reconnaître et de distinguer l'indivisibilité.

Voici le texte de cet article 227 :

« Les délits sont connexes, soit lorsqu'ils ont été commis en
« même temps par plusieurs personnes réunies, soit lorsqu'ils ont été
« commis par différentes personnes, même en différens temps et en
« divers lieux, mais par suite d'un concert formé à l'avance entre
« elles, soit lorsque les coupables ont commis les uns pour se
« procurer les moyens de commettre les autres, pour en faciliter,
« pour en consommer l'exécution, soit pour en assurer l'impunité. »

Ainsi, lorsque cet article dit, au pluriel, *les délits sont connexes*,
il indique clairement qu'il ne peut être question de connexité qu'autant qu'il existe deux ou plusieurs faits principaux qui, séparés et
pris isolément, peuvent constituer chacun un crime ou un délit dis-
tinct, et de là il résulte que toutes les circonstances qui constituent
la complicité, et qui n'étant que les accessoires d'un fait principal,
ne forment, avec lui, qu'un seul et même délit, ne sont point com-
prises dans la définition, et par conséquent ne sont pas soumises à
la règle que la loi a tracée pour la connexité.

Aussi n'a-t-on jamais imaginé que, pour ce cas, la loi fût faculta-
tive, et qu'elle permît de diviser et de disjoindre l'instruction et le
jugement des accusés principaux et des complices. Dans ce cas, tout
est indivisible; car, malgré la pluralité de faits et d'inculpés, il y a
identité de criminalité, et partout où il y a identité de criminalité
il faut appliquer le principe de l'indivisibilité.

De même, quand cet article 227 porte : *Les délits sont connexes lorsqu'ils ont été commis par plusieurs personnes réunies*,
cela ne veut pas dire, comme paraissent le croire ceux qui con-

fondent la connexité avec l'indivisibilité, qu'un seul et même délit commis en même temps par plusieurs personnes réunies soit compris dans cette définition, et soit par conséquent soumis pour l'instruction et le jugement à la règle que la loi trace pour la connexité; car, encore une fois, l'art. 227 et la définition qu'il donne ne parlent et ne peuvent parler que d'une *pluralité* de délits. Un seul et même fait ne peut être connexe avec lui-même. Ainsi, dès qu'il y a un seul et même délit, il y a identité, et non pas connexité, quel que soit le nombre des personnes par lesquelles le délit a été commis.

La même observation s'applique au deuxième paragraphe de l'article, qui déclare les délits connexes « *lorsqu'ils ont été commis par « différentes personnes, même en différens temps et en divers lieux, « mais par suite d'un concert formé à l'avance entre elles;* » car s'il s'agissait d'un seul et même délit, ce délit garderait son unité et son identité, quoique les différentes personnes entre lesquelles il avait été concerté eussent commis en différens temps et en divers lieux les faits qui ont servi à son exécution.

Ces observations prouvent que la définition de la connexité, donnée par l'art. 227 du Code d'instruction criminelle, ne s'applique et ne peut jamais s'appliquer aux faits et circonstances qui constituent un seul et même crime.

L'instruction d'un seul et même crime ne rentre donc jamais dans la règle de l'art. 226 de ce Code, quel que soit le nombre des accusés. Dans ce cas, rien n'est facultatif pour les juges, et tout le procès reste soumis au principe de l'indivisibilité.

On peut supposer, il est vrai, telle réunion de circonstances au milieu desquelles il serait peut-être plus ou moins difficile de distinguer si les faits reprochés à plusieurs inculpés forment un seul et même crime, ou si, au contraire, ce ne sont qu'autant de crimes connexes. Mais il est un crime d'une espèce toute particulière à l'occasion duquel cette difficulté ne peut jamais se présenter, c'est le complot.

Le complot, qui est un crime de l'intelligence, tire en effet toute sa criminalité du consentement d'une pluralité de personnes, et il existe sans aucun acte extérieur par le fait *unique* de la résolution d'agir concertée entre ceux qui y ont pris part. Or, comme on ne pourrait pas séparer le consentement de tous ceux qui y ont concouru sans détruire par là même la criminalité, et comme d'ailleurs le fait unique de la résolution d'agir n'est pas susceptible d'être divisé, il est impossible que le complot se partage jamais en délits connexes. D'où la conséquence que dès qu'il y a accusation de complot, il y a de toute nécessité un fait identique constituant un seul et même crime, ce qui rend indivisibles l'accusation, l'instruction et le jugement.

Or, les faits déférés à la Cour des Pairs sont-ils de nature à constituer le crime de complot, et l'accusation leur attribue-t-elle ce caractère ?

Telle est toute la question qui reste à examiner.

L'ordonnance du roi qui a saisi la Cour des Pairs ne décide et ne préjuge rien sur ce point. Cette ordonnance n'est pas encore un acte de procédure criminelle, et elle ne pouvait donner aux faits déférés à la Cour d'autre qualification que celle qui résultait naturellement de leur apparence matérielle.

Les seuls actes de la procédure sont : le rapport fait par la commission d'instruction, le réquisitoire du procureur général et l'arrêt de mise en accusation. C'est donc dans ces documens officiels et judiciaires qu'il faut rechercher quelle est la véritable nature des faits que l'instruction a vérifiés, quel est leur caractère de criminalité, et quelle est la qualification légale que l'accusation leur donne.

En ouvrant le rapport de M. Mérilhou, on trouve dès l'introduction que, dans leur ensemble, les faits des 12 et 13 mai sont présentés comme L'EXÉCUTION *d'un vaste complot, conçu* et *arrêté* dans les associations dont l'origine remonterait jusqu'en 1834, et dont le but était à la fois une révolution politique et une révolution sociale. « *C'est,* dit le

« rapporteur à la page 7 , *lu conspiration de Babœuf*, *passée de*
« *l'état de projet insensé à une sanglante exécution.* »

Que si l'on arrive ensuite aux faits généraux, tels que le rapporteur a cru devoir les établir et les grouper pour expliquer et caractériser la prévention, soit dans son ensemble, soit en particulier à l'égard de chacun des inculpés, on retrouve, à chaque page, la même idée de *complot* dominant toute la prévention, expliquant les faits généraux et y rattachant comme autant de conséquences tous les faits d'exécution.

C'est ainsi qu'après avoir parlé de l'existence, de l'organisation et du but des différentes associations, M. le rapporteur dit, page 29, « que ces associations secrètes, constituées dans la vue de renverser « le gouvernement, n'ont pas cessé un instant de travailler à la tâche « coupable que leurs membres s'étaient imposée. »

A la page 30, il indique les publications attribuées à ces sociétés « comme la provocation à ces mêmes attentats pour lesquels on « avait déjà fabriqué de la poudre et des cartouches.

« Par là, dit-il, le but de tous les COMPLOTS, but jusqu'alors mys-
« térieusement révélé aux adeptes des sociétés secrètes, a été claire-
« ment et énergiquement proclamé au grand jour.

« Qu'on ne s'y trompe pas ! continue-t-il à la même page, il ne
« s'agit point d'une production isolée de quelques individus en dé-
« lire, c'est une série d'écrits mis au jour dans un même but et par
« les mêmes moyens.

« On avait commencé d'abord, ajoute M. le rapporteur, par réu-
« nir les munitions dans une quantité que la révolte n'a que trop
« bien révélée, et par des moyens que les procès des poudres et
« cartouches ont assez indiqués. »

Page 56. « Il n'est que trop évident que toutes ces menées, toutes
« ces attaques aboutissent à un centre commun dont les formes ont
« pu varier, mais dont la tendance est inflexible et dont les moyens
« d'action restent les mêmes.

« L'association a d'abord existé presque publiquement sous le

« nom de *Société des Droits de l'Homme ;* dissoute en 1834, elle re-
« naquit de ses cendres sous le nom nouveau de *Société des Fa-*
« *milles,* qui, à son tour, fut frappée par la loi en 1837. Au mo-
« ment de l'insurrection du 12 mai, c'était la *Société du Printemps*
« *ou des Saisons,* qui paraissait réunir dans son sein le plus grand
« nombre des révoltés.

« L'organisation de cette société a été exposée par le prévenu
« Nougués avec une grande netteté dans son interrogatoire du
« 8 juin..... »

Page 66, M. le rapporteur dit en se résumant : « Telles ont été,
« Messieurs, dans ces derniers temps, et jusqu'au jour de l'insur-
« rection, les dispositions mystérieuses à l'aide desquelles l'esprit
« de révolte s'alimentait lui-même, en s'excitant incessamment au
« bouleversement et à la guerre civile.

« 1839 fut choisi comme l'année pendant le cours de laquelle
« devait être tenté le nouveau coup de main du parti. Aux circon-
« stances appartenait le choix du moment; mais afin qu'elles ne
« fussent pas plus fortes que les conspirateurs, il importait pour les
« armes, pour le plan, pour le nombre, d'être prêts à chaque
« signal. »

A la page 69, M. le rapporteur rappelle un lettre écrite à Barbès
et attribuée à Blanqui, comme un « *fait grave, qui signale le comité*
« *de Paris comme un comité central, ralliant autour de lui les*
« *hommes d'action, dont la présence importait aux projets de l'as-*
« *sociation.*

« Vous le voyez, Messieurs, dit ensuite M. le rapporteur à la
« page 71, lorsque nous vous annoncions tout à l'heure qu'au mo-
« ment où l'attentat avait été résolu, un appel avait été adressé à
« tous les fanatismes, nous n'étions que les historiens fidèles d'un
« fait acquis aujourd'hui comme une terrible vérité.

« Cet appel fut entendu. Barbès, Maréchal, et tous ceux dont les
« noms appartiennent encore aux recherches judiciaires, revinrent
« à Paris.

« Là tout fut organisé pour la lutte. Le comité exécutif s'assem-
« bla souvent..... Son premier soin fut de dresser ses plans d'at-
« taque, de distribuer les grades, d'instituer un gouvernement
« provisoire, de rédiger, pour le combat, un ordre du jour. »

Page 72 : « Mais le succès promis manqua à une telle entreprise ;
« la proclamation fut lue sur les marches de l'hôtel de ville à la
« *bande des insurgés.* »

Page 73, en parlant des signatures figurées au bas de la proclamation, le rapporteur dit : « D'autres noms, étrangers sans aucun
« doute aux crimes que le COMPLOT *préparait* et que *l'attentat de-*
« *vait réaliser*, figurent à côté de ces noms.

« Quoi qu'il en soit....., continue-t-il page 74, l'ordre du jour n'en
« reste pas moins comme preuve de ce COMPLOT permanent, sous
« la menace duquel, depuis 1834, nous étions incessamment
« placés.....

« ..... Nous touchons au moment de la lutte ; les partis vont des-
« cendre dans la rue. N'allez pas croire que le jour ait été choisi sans
« discernement, et que l'heure où ils doivent se réunir et attaquer
« soit livrée au hasard ! »

Page 76 : « Une fois que le comité central eut ainsi déterminé le jour
« de la révolte, il importait au succès de sa criminelle tentative de
« fixer, avec la même précision, l'heure à laquelle elle devait écla-
« ter. »

Page 77, en parlant d'un billet trouvé sur l'un des blessés à l'hos-
pice Saint-Louis, et attribué à Barbès, M. le rapporteur dit :

« Le billet de convocation, écrit d'une telle main, traversant une
« insurrection sanglante, pour être découvert et saisi sur le lit de
« mort d'un révolté, est un fait immense. LE COMPLOT QUI ARRÊTE,
« CONCERTE, PRÉPARE, RÉUNIT, CONVOQUE ET JETTE A L'ATTAQUE ; LE
« COMPLOT est là tout entier.

« Nous touchons, du reste, au moment où l'insurrection, qui
« n'est encore qu'*en état de projet*, va se matérialiser en quelque

« sorte et se transformer en attentat. L'heure est donnée, et, fidèles
« à cette heure, les sectionnaires, divisés en petits groupes confor-
« mément aux statuts mystérieux de l'association, se répandent dans
« Paris. Vers deux heures, un mouvement inaccoutumé se fait re-
« marquer dans les rues Saint-Martin, Saint-Denis, et dans les rues
« adjacentes. Des jeunes gens assez nombreux, différens de costume,
« de manières, de conditions, se rencontrent, se parlent et parais-
« sent se lier les uns aux autres par l'INTIMITÉ D'UNE COMMUNICATION
« SECRÈTE. »

Page 80. « N'est-ce pas là la preuve que tout se lie dans les pré-
« cédens de ces sociétés, instituées comme une école permanente du
« crime; que, forts du mystère dont ils s'environnent, les mêmes
« hommes nourrissent depuis cinq ans les mêmes espérances et tra-
« vaillent à la même œuvre; qu'en un mot ils ont, à partir de cette
« époque, placé la France dans les liens d'une chaîne longtemps
« invisible, qui rattachent aux ASSOCIATIONS de 1834 les ASSOCIATIONS
« de 1839. »

A l'occasion d'une liste renfermant le nom et l'adresse d'un grand
nombre d'armuriers, M. le rapporteur dit :

Page 81 : « Cette partie du COMPLOT fut exécutée comme toutes
« celles que le comité central avait arrêtées. »

Page 82 : « Et tout cela n'était pas le hasard, ce n'était pas le
« caprice des uns ou la violence des autres qui le faisait commettre,
« c'était le résultat d'une idée arrêtée à l'avance; c'était l'une des
« conséquences d'un plan général d'attaque mis à l'ordre du jour
« par les chefs. L'instruction tout entière le démontre. »

Enfin à la page 83, M. le rapporteur ajoute : « C'est au milieu
« de la sécurité générale..... qu'une poignée de factieux se maintient
« en état d'association illégale......

« C'est cette fois LE COMPLOT sans prétexte et la guerre sans trève.

« — C'est l'attentat en permanence, avec tous les malheurs qui
« s'attachent à lui.

« Le caractère incontestable du mouvement des 12 et 13 mai a

« été énergiquement révélé par la marche matérielle de l'insurrec-
« tion.

« C'est sur un plan hardiment tracé qu'elle s'est manifestée dès
« ses premiers pas. »

Mais ce n'est pas seulement dans l'exposé des faits ou dans une
pensée qui lui serait personnelle que M. le rapporteur rappelle sans
cesse le COMPLOT comme la source et la préparation des ATTENTATS
des 12 et 13 mai; l'importance qu'il y attache est bien autrement
grande, et il n'hésite pas à présenter le COMPLOT comme l'objet
principal de toute la prévention.

Page 97. *Tels sont*, dit-il, *dans leur ensemble, les faits déplorables de ces deux journées. Leur résumé judiciaire est dans leur exposé même.*

C'est le COMPLOT *avec les caractères qui le constituent d'ordinaire
et avec une persévérance sans exemple.*

C'est L'ATTENTAT *avec tous les caractères qui le placent au rang du
plus énorme des crimes politiques.*

Après ce résumé, et en présence de ces citations si nombreuses,
qui témoignent toutes que le complot devait faire la base de l'accusation, puisqu'il était présenté comme ayant été la base du crime,
ce n'est pas sans étonnement qu'on voit M. le rapporteur s'arrêter
devant ses propres conclusions, écarter de la procédure le fait principal du complot, qui avait dominé toute l'instruction, et proposer
à la Cour de détacher les uns des autres et d'isoler pour le jugement ces mêmes faits d'exécution qu'il n'avait cessé de représenter
comme les conséquences d'un fait commun et identique.

Mais; et à l'instant même où ce rapport est lu à la Cour, le ministère public s'en empare, et requiert, dès le 11 juin, la mise en accusation de dix-neuf des inculpés comme ayant, porte le réquisitoire,
préparé, concerté, arrêté et *commis* les attentats qui font l'objet du
procès, et comme s'étant ainsi rendus coupables des crimes
prévus par les art. 87, 88, 89 et 91 du Code pénal. Or, l'art. 89
contient justement la disposition de la loi qui punit le complot : et

avoir ensemble *préparé*, *concerté* et *arrété* un attentat, c'est effectivement avoir commis le crime de complot.

Le lendemain, le ministère public fait un second réquisitoire contre trois autres inculpés, et cette fois M. le procureur général demande simplement leur mise en accusation, pour avoir *commis des attentats*, sans reproduire contre eux la charge de les avoir *préparés*, *concertés* et *arrétés*.

Mais la Cour, statuant à la fois sur les deux réquisitoires, n'admet point cette distinction, et elle renvoie tous les vingt-deux inculpés sous la seule et même accusation d'avoir commis le crime prévu par les articles 87, 88, 89 et 91 ; ce qui comprend expressément à l'égard de tous, et l'accusation d'avoir participé au complot qui a *préparé* l'ATTENTAT, et l'accusation d'avoir commis un ATTENTAT qui a été l'exécution du COMPLOT.

Cet arrêt de la Cour est décisif; car, d'une part, la Cour a admis, comme le rapporteur et le ministère public l'avaient exposé, que tous les faits d'attentat commis les 12 et 13 mai ont été précédés d'un complot dans lequel ces attentats ont été *préparés*, *concertés* et *arrétés*; et, d'autre part, en vérifiant les faits particuliers concernant les inculpés sur lesquels la Cour a prononcé, elle a reconnu que les faits d'attentat qui leur sont reprochés se rattachent pour tous au crime de complot, comme à un centre commun, et qu'ainsi l'accusation d'attentat entraîne, comme par une conséquence naturelle à l'égard de chacun d'eux, l'accusation simultanée d'avoir pris part au complot qui a préparé les faits d'attentat.

Il est donc jugé désormais, il est judiciairement acquis au procès, que l'accusation porte au premier chef sur le crime de complot qui est IDENTIQUE, INDIVISIBLE; dès lors, et comme nous l'avons dit, la procédure, la défense et le jugement doivent aussi être IDENTIQUES, INDIVISIBLES; et la Cour des Pairs ne peut juger séparément les vingt-deux inculpés qui sont mis en accusation, sans violer le principe de l'indivisibilité des procédures.

Le mode de procéder admis par l'arrêt de mise en accusation

ne pourrait en effet se justifier qu'autant qu'il serait reconnu et jugé à l'égard de tous les inculpés, que le complot a seulement existé entre les vingt-deux, et qu'aucun des autres inculpés n'y a participé.

Mais on ne peut pas dire que la prévention de complot se restreint, quant à présent, aux vingt-deux inculpés mis en accusation, et qu'elle n'existe pas contre ceux à l'égard desquels il n'a pas encore été statué.

Et d'abord le sentiment public a, dès le premier instant, attribué aux événemens des 12 et 13 mai leur véritable caractère; la nature des faits a tout aussitôt indiqué l'existence du complot général qui devait les avoir préparés; c'est sous cette prévention commune d'un complot que chacun des inculpés a été arrêté, et cette prévention pèse sur tous, jusqu'à ce qu'elle ait été définitivement vérifiée à l'égard de chacun d'eux par l'arrêt qui doit statuer sur sa mise en accusation.

Mais il y a plus : cette prévention de complot qui s'était établie, comme par la force des choses, ne continue pas seulement à subsister telle qu'elle était dès le principe; vérifiée par l'instruction judiciaire, elle se trouve justifiée et confirmée, dans toute sa généralité, par le rapport même qui a été fait à la Cour, de sorte qu'elle existe désormais en vertu même des actes de la procédure.

Et ici on ne peut plus prétendre que cette prévention de complot n'est établie qu'à l'encontre des vingt-deux inculpés mis en accusation; car, et il ne faut pas le perdre de vue, l'instruction et le rapport qui en a été fait se trouvent divisés en deux parties bien distinctes :

La première de ces parties est dans son entier consacrée à la vérification de la prévention générale, et elle porte officiellement et avec raison le titre : *Faits généraux.*

Cette partie de l'instruction a été achevée; elle concerne tous les inculpés en général, elle est complète à l'égard de tous, et elle est expressément destinée à former à l'égard de chacun d'eux, quelle que soit l'époque à laquelle il sera jugé, la base de l'accusation particulière à laquelle il sera appelé à répondre.

Or, c'est dans cette première partie du rapport, c'est par la vérification des FAITS GÉNÉRAUX que se trouve établie et formulée l'accusation générale de complot. Tous les inculpés, quel que soit leur nombre, sont donc sous la prévention qui résulte de cette accusation générale, et cette prévention reste entière à l'égard de tous jusqu'à ce qu'il ait été statué sur leur mise en accusation. Le complot et la question même de l'existence du complot ne peuvent donc, sans violation du principe de l'indivisibilité des procédures, être examinés et jugés hors la présence de tous ceux qui seront accusés d'y avoir participé; et comme il est impossible de connaître avant l'achèvement de l'instruction quels sont parmi les inculpés ceux qui devront en définitive répondre à cette accusation, il est évident que, pour se conformer à la loi, la Cour des Pairs ne peut se dispenser de compléter l'instruction à l'égard de tous ceux qui ont été déférés à sa juridiction, et qu'elle ne peut passer au jugement définitif d'une partie d'entre eux sans avoir préalablement prononcé sur la prévention à l'égard de tous.

Ainsi, rien dans les principes du droit, rien dans le texte de la loi, rien dans l'accusation n'autorise et ne justifie la procédure extraordinaire dans laquelle la Cour des Pairs a déjà fait un premier pas; le principe sacré qui domine toute notre législation, et les articles même du Code que M. le rapporteur a invoqués y résistent invinciblement.

A défaut de moyens puisés dans le droit, y a-t-il du moins des raisons graves qui puissent justifier cette mesure de disjonction? On cite des analogies, on rappelle des précédens, on parle de nécessités matérielles, on laisse entrevoir d'autres considérations plus étranges encore; mais de pareils moyens peuvent-ils jamais prévaloir contre la justice et le droit?

Et d'abord, quant à l'analogie que l'on cherche à établir entre la disjonction proposée dans le cas présent, et celle qui a lieu dans les cas où l'un des accusés est contumace, décédé, atteint d'aliénation mentale ou de maladie grave, il est inutile d'y insister de nouveau. Nous avons fait remarquer déjà que, dans les exemples cités, les impossibilités matérielles sont réelles, invincibles, et qu'il ne dépend pas de la volonté du juge de les faire disparaître.

On invoque ensuite l'exemple de la Cour d'assises de Paris, et l'on cite (p. 101) comme un précédent la marche qu'elle a suivie pour le jugement de l'insurrection de juin 1832.

Mais cet exemple lui-même est la plus évidente réprobation de la procédure actuelle. En effet, les événemens de juin 1832 n'ont pas été attribués à un complot; rien dans l'instruction n'a permis d'établir qu'il y eût entre les individus impliqués dans l'insurrection un concert prémédité; aucun des actes d'accusation auxquels cette insurrection a donné lieu n'a porté sur le crime de complot; les faits étaient analogues, connexes, mais ils n'étaient réunis par aucun lien commun; les accusés pouvaient donc être jugés séparément sans que le principe de l'indivisibilité fût violé, puisqu'il n'y avait pas eu identité dans le crime. Quand donc le rapporteur de la Cour des Pairs rappelle l'exemple de 1832 pour justifier la marche actuelle de la procédure, il se fonde sur un fait qui n'est pas applicable au cas présent, et qui par sa différence même exclut une telle forme de jugement.

Cette différence est d'ailleurs si manifeste qu'elle avait frappé l'esprit de M. le rapporteur, et qu'il l'a fait ressortir avec le plus grand soin dans un passage antérieur de son rapport; passage qu'il avait sans doute oublié quand, dans le résumé des faits généraux, il a voulu invoquer la prétendue analogie dont nous venons de parler.

On lit, en effet, page 82 :

« Les journées de juin furent pour la France les premières jour-
« nées de deuil. Pour elles on pouvait douter, en s'arrêtant du moins
« à la surface et en les rattachant au hasard d'un convoi, qu'elles
« fussent le produit nécessaire d'une association et d'un complot.

« C'est ainsi que pensa la justice, et ses poursuites ne précisèrent
« que des faits individuels de meurtre et qu'un attentat. »

Il peut y avoir sans doute des difficultés et même des inconvéniens à juger à la fois un grand nombre de prévenus; mais ces
inconvéniens ne forment pas un obstacle insurmontable, ils ne
constituent pas, comme l'assure le rapporteur de la Cour des
Pairs, une impossibilité pareille à celle qui résulte de l'absence ou
du décès; et un accusé ne saurait être dépouillé des garanties que
la loi lui assure, sous le prétexte des embarras que peut causer le
procès simultané d'un grand nombre de prévenus.

C'est réduire une question de procédure criminelle à une question d'architecture; c'est faire dépendre l'application de la loi de
l'étendue et de la convenance de la salle où siége le tribunal.

Mais, d'ailleurs, peut-on se retrancher, dans le cas présent, der-
rière de pareilles impossibilités matérielles? s'agit-il de juger im-
médiatement tous les prévenus? Non, il s'agit seulement de ter-
miner la procédure préliminaire à l'égard de tous, de compléter
l'instruction, de mettre la Cour en état de prononcer sur la mise en
liberté ou sur la mise en accusation de chacun des détenus; et l'étendue de la salle où se tiendra l'audience ne peut exercer sur ce point
aucune influence; car l'instruction se fait individuellement à l'égard
de chaque accusé dans le cabinet du juge instructeur, et la Cour rend
ses arrêts sur la mise en accusation en l'absence des inculpés.
Combien alors seront mis en liberté? combien passeront de la
catégorie des inculpés dans celle des accusés? Nul ne le sait, ni
le ministère public ni la Cour; nul ne sait par conséquent à quel
chiffre s'élèvera définitivement le nombre des accusés; nul ne sait,
dans l'état actuel de la procédure, si l'arrêt de mise en accusation
ou de mise en liberté que la Cour doit prononcer à l'égard de tous,
avant de passer outre à l'égard de quelques-uns, ne fera pas disparaître cette prétendue impossibilité matérielle fondée sur le nombre des accusés, et si le nombre de ceux sur qui s'arrêtera en dernier
lieu l'accusation d'un seul et même crime, l'accusation du complot,

ne sera pas plus restreint que ne l'a été le nombre des accusés que la Cour a jugés ensemble dans des procès antérieurs, sans qu'on ait songé alors à invoquer l'obstacle matériel à l'aide duquel on croit pouvoir aujourd'hui pallier le vice de la procédure où l'on s'est engagé. Jusqu'au jour où l'instruction sera complète pour tous, et où la Cour aura statué sur tous par un arrêt, il est permis de croire que la plupart des prévenus sont innocens, et d'espérer que la Cour en rendra plus à la liberté qu'elle n'en décrétera d'accusation.

Admettre dès maintenant que l'arrêt de la Cour en fera asseoir un plus grand nombre sur les bancs des accusés, et que les impossibilités matérielles qui n'existent nullement pour l'instruction se présenteront pour le jugement, c'est se livrer à des suppositions gratuites, c'est faire peser d'avance, sans examen, sans informations suffisantes, de graves présomptions de culpabilité sur les détenus à l'égard desquels rien n'a été statué jusqu'ici; c'est aller au delà de ce que permet l'état actuel de la procédure; c'est du reste condamner cette procédure elle-même; car si les détenus non encore mis en accusation sont aussi impliqués dans le complot, rien n'autorise la séparation qu'on leur fait subir.

Il y a plus : non-seulement la Cour ignore si l'accusation de complot atteindra tous ceux à l'égard desquels l'instruction n'est pas achevée, mais elle ignore encore si l'instruction complète pour tous les prévenus n'eût pas fait disparaître quelques-unes des charges qui pèsent en ce moment sur les vingt-deux de la première catégorie, et n'eût pas ainsi, au lieu de l'augmenter, diminué dès maintenant le nombre des accusés.

C'est encore au nom de l'intérêt public que le rapporteur a demandé la disjonction; c'est au nom de la société tout entière, impatiente de voir arriver le grand jour des débats qui doit éclairer les causes d'un attentat si audacieux dans son exécution, si cruel dans ses conséquences.

Mais le premier besoin de la société n'est-il pas que toute procédure criminelle soit régulière et légale? Son premier désir n'est-il pas de connaître la vérité dans toute sa plénitude? Et croit-on qu'elle préfère à la marche plus lente, mais plus sage de la procédure prescrite par la loi, une précipitation qui ne produirait qu'un jour douteux, une clarté incertaine? Non, ce n'est pas l'intérêt public, ce n'est pas la société qui appellent un jugement hâtif rendu sur une procédure incomplète, sur une instruction qui séparerait les accusés d'un même fait par une barrière infranchissable; car un jugement pareil ne ferait point briller la vérité sur les événemens des 12 et 13 mai; il pourrait, au contraire, l'éteindre pour toujours.

Jamais, en effet, la vérité n'est plus obscure, jamais il n'est plus difficile de la démêler et de la saisir que dans ces procès, indivisibles sans doute par leur nature, mais qui, au dire de l'accusation elle-même, se compliquent d'élémens si divers et si nombreux.

Jamais aussi le juge n'est plus exposé à commettre des erreurs, à attribuer à l'un des accusés le crime qu'en réalité un autre peut avoir commis.

Et lorsque les formes protectrices, les garanties salutaires de la procédure normale n'ont pas toujours suffi pour prévenir de déplorables erreurs, n'est-il pas à craindre que, dans une procédure inachevée, de nouvelles erreurs ne viennent ajouter une page de plus à l'histoire déjà trop longue de toutes celles qui ont été commises par la justice humaine? Que serait-ce si, plus tard, les débats et le jugement d'autres accusés venaient apporter la triste révélation qu'un fait n'a pas été commis par celui qu'aurait déjà condamné le jugement séparé des accusés de la première catégorie! Quels reproches n'aurait pas alors à s'adresser le juge qui aurait refusé, en violant la loi, les moyens de s'éclairer que la loi lui offrait; qui aurait jugé séparément ceux que la loi lui prescrivait de juger ensemble! L'erreur alors ne serait plus accidentelle, elle ne serait plus la conséquence inévitable d'une procédure à laquelle, malgré le désir du juge, auraient manqué des élémens de conviction; elle serait presque le fait volontaire du juge lui-même, puisque celui-ci était averti des déplorables résultats que pouvait entraîner cette violation de toutes les règles et de tous les principes.

Il ne peut pas au surplus rester le moindre doute sur la portée de l'arrêt du 12 juin. C'est un arrêt de disjonction, c'est la réalisation illégale du projet de loi que la Chambre des Députés a rejeté en 1837; c'est plus encore : car alors on ne voulait séparer que les coaccusés civils et militaires; ici ce sont des accusés civils que l'on sépare violemment.

Le hasard d'un dossier mis en état, tandis que les autres sont laissés incomplets, peut-il excuser une pareille dérogation à la loi? Et depuis quand la position judiciaire, le sort et peut-être la vie d'un accusé, doivent-ils dépendre de l'activité capricieuse ou des préférences arbitraires d'un juge instructeur?

Quand on ne trouve rien dans la loi, rien dans les faits, rien dans les raisonnemens invoqués, qui autorise ou justifie la marche de la procédure suivie par la Cour des Pairs, on se demande quel est le véritable but de cette étrange décision qui change le sort et qui aggrave la position de vingt-deux des accusés; on se demande comment ceux-ci ont mérité cette distinction fatale qui fait peser sur leurs têtes les souvenirs tout récens des 12 et 13 mai; pourquoi l'on concentre sur eux seuls toutes les impressions funestes qu'a pu laisser la révolte; pourquoi cette mesure qui les signale aux sévérités de l'opinion, peut-être à celles de la Cour ?

Ce sont là des considérations qu'a négligées M. le rapporteur de la Cour des Pairs; si elles s'étaient présentées à son esprit, elles l'auraient peut-être arrêté dans la proposition qu'il a fait adopter.

Pour la Cour il en est temps encore. Elle ne peut, sans illégalité, maintenir la disjonction, et elle se hâtera sans doute d'accueillir le moyen que la défense peut lui offrir pour rentrer dans le droit commun.

A cet effet les accusés devront, dès l'ouverture des débats, conclure à ce qu'il soit sursis à la continuation du procès et du jugement, jusqu'à ce que l'instruction générale ait été achevée, et qu'il ait été statué sur la prévention dans son ensemble, et relativement à tous les inculpés.

Alors seulement il sera possible de reconnaître si les faits imputés aux divers inculpés, étant distincts et seulement connexes, peuvent être jugés séparément, ou si au contraire ces faits ne forment que les élémens constitutifs d'un crime identique dont le jugement ne doit pas être divisé.

Délibéré à Paris, le 22 juin 1839.

MARTIN,
Avocat aux Conseils du Roi
et à la Cour de Cassation.

HENNEQUIN.

F. NICOD.

ODILON BARROT.

LEDRU-ROLLIN,
Avocat aux Conseils du Roi
et à la Cour de Cassation.

MARIE.

JOLY.

HENNEQUIN fils.

BETHMONT.

C. DUGABÉ,
Avocat et député.

GALISSET,
Avocat aux Conseils du Roi
et à la Cour de Cassation.

CORALLI,
Avocat et député.

BÉCHARD,
Avocat aux Conseils du Roi
et à la Cour de Cassation, député.

LUCAS,
Avocat aux Conseils du Roi
et à la Cour de Cassation.

AD. CRÉMIEUX.

DURAND DE ROMORANTIN,
Avocat et député.

MANDAROUX-VERTAMY,
Avocat aux Conseils du Roi
et à la Cour de Cassation.

CHARAMAULE,
Avocat et député.

DUPONT-WHITE,
Avocat aux Conseils du Roi
et à la Cour de Cassation.

MAURAT-BALLANGE,
Avocat et député.

L. H. MOULIN.

LANVIN,
Avocat aux Conseils du Roi
et à la Cour de Cassation.

NACHET,
Avocat aux Conseils du Roi
et à la Cour de Cassation.

J. A. PLOCQUE.

A. DURAND DE SAINT-AMAND.

L. CHAMAILLARD.

COTELLE,
Avocat aux Conseils du Roi
et à la Cour de Cassation.